DES

POSITIONS MILITAIRES,

DES

RECONNAISSANCES MILITAIRES,

ET DES DÉCOUVERTES.

Imprimerie de Cosse et J. Dumaine, rue Christine, 2.

DES POSITIONS

MILITAIRES,

DES RECONNAISSANCES MILITAIRES,

ET DES DÉCOUVERTES.

PAR

BONJOUAN DE LAVARENNE,

Chef d'escadron au Corps royal d'Etat-major.

PARIS.

LIBRAIRIE MILITAIRE DE J. DUMAINE,

Libraire de LL. AA. RR. le duc de Nemours et le duc d'Aumale,

(MAISON ANSELIN),

Rue et Passage Dauphine, 36.

1845

PRÉFACE.

La mémoire ainsi que l'attention manquent quelquefois dans les détails infinis qui se rattachent aux grandes opérations militaires, et cette vérité a souvent fait apprécier le *Mémorial de l'officier d'état-major en campagne* (1).

Beaucoup d'officiers ayant cru que cet ouvrage était tout à fait spécial au corps royal d'État-Major, ne se le sont pas procuré ; d'autres l'ont trouvé un peu volumineux pour l'emporter en campagne. Ces considérations m'ont engagé à demander l'autorisation d'en extraire les chapitres insérés dans le texte que je publie aujourd'hui. Leur importance sera bientôt sentie même par ceux qui auront un travail à fournir pour les inspections générales.

Paris, le 25 juillet 1845.

L'Éditeur, J. DUMAINE.

---

(1) 1 vol. in-8° et atlas, Prix, 12 fr., à la librairie militaire de J. Dumaine.

DES

POSITIONS MILITAIRES,

DES RECONNAISSANCES MILITAIRES,

ET

DES DÉCOUVERTES.

DU CHOIX DES POSITIONS.

On appelle position le terrain sur lequel une armée ou un corps de troupe s'arrête pour se reposer, camper, bivouaquer et combattre.

Les résultats d'une campagne dépendent entièrement du choix des positions. C'est par le calcul, et le coup d'œil militaire, qui ne s'acquiert que par la pratique, qu'on peut évaluer toutes les distances et les inégalités du sol ; que l'on se place de manière à arrêter l'ennemi, à gêner tous ses mouvements, à l'attaquer pendant qu'il les exécute, à se porter sur ses flancs et ses derrières, et que l'on intercepte sa ligne d'opérations. C'est donc par des reconnaissances bien faites, que l'on trouve la manière d'occuper la région des sources et celle des embouchures, qui sont la clef de toutes les positions ; car, dans la région des sources, on est abrité par les obstacles naturels que présentent les montagnes, desquelles on peut descendre en suivant le cours des fleuves, et dans la région des embouchures, l'on peut s'appuyer à la mer, se retrancher derrière les canaux, et se faire protéger par les coupures et les accidents du terrain, qui s'y multiplient. C'est encore par le choix des positions, que l'on parvient à s'établir pour l'attaque en avant de tous les obstacles naturels, à mettre l'ennemi dans l'impossibilité de s'en emparer; qu'on lui cache les opérations que l'on prépare et les mouvements qu'on exécute; que l'on met ses réserves en sûreté et dans des emplacements convenables pour en tirer parti; et enfin, qu'on esquive l'ennemi ou qu'on le devance, soit pour l'attaque, soit encore pour prendre la défensive.

DES RECONNAISSANCES MILITAIRES.

Les reconnaissances spéciales définies dans le chapitre qui suit entrent dans les attributions des officiers d'état-major; elles sont l'objet d'une instruction particulière du général d'armée, du corps d'armée, de l'aile, du centre ou de la division. L'officier d'état-major communique cette instruction au maréchal de camp de la brigade dont les postes doivent être dépassés. Cet officier général y ajoute les indications qu'une connaissance plus particulière des dispositions de l'ennemi et des localités peut le mettre à même de donner; il confie en conséquence, à l'officier d'état major, des troupes qu'il choisit de préférence parmi celles qui doivent composer l'avant-garde, afin qu'elles acquièrent la connaissance du terrain sur lequel elles auront à déboucher.

S'il est nécessaire de se porter sur un point culminant ou tout autre pour en chasser les postes ennemis, l'officier d'état-major demande préalablement l'agrément du général de la brigade, et il ne peut rien entreprendre sans l'avoir obtenu.

Définition des reconnaissances.

Une reconnaissance militaire est une opération qui conduit à juger avec précision, à la simple inspection, de tous les avantages et des inconvénients d'un terrain sous un point de vue entièrement militaire.

Il y a deux sortes de reconnaissances : l'une pour l'attaque, et l'autre pour la défense. La première consiste dans l'examen des accidents de terrain qui se rencontrent sur une certaine étendue de pays occupée par des troupes ennemies, afin de savoir la liaison qu'ils peuvent avoir entre eux, autant dans l'intérêt de l'attaque que pour prendre la défensive et battre en retraite, si l'on venait à les chasser ou à être repoussé ; la deuxième a pour but la connaissance exacte du sol sur lequel on veut attendre ou arrêter l'ennemi, et l'estimation précise des ressources en tous genres que l'on peut s'y procurer.

POSITION OFFENSIVE.

Dans la première hypothèse, l'officier chargé de reconnaître la position ennemie examine,

1º L'étendue de terrain tenue par son front de bataille, et, s'il se peut, la disposition de ses réserves, afin d'apprécier le nombre des troupes qu'on doit combattre ;

2º L'emplacement des batteries, et si la position est retranchée ;

3º Si dans sa ligne de bataille il ne se trouve pas des villes, villages, châteaux, etc., pour accroître ses moyens de résistance, ou d'autres objets produisant l'effet contraire ;

4º Les obstacles auxquels les ailes de cette ligne sont appuyés, le temps et les passages convenables pour les tourner ;

5° Les routes, les chemins, et même les sentiers qui conduisent à cette position ; les ponts, les gués à traverser pour y arriver, les ouvrages qui peuvent les rendre praticables ; les bateaux à employer pour concourir à la rapidité et à la sûreté du passage ;

6° La naissance, la direction, le volume et l'encaissement des canaux, des fossés, des marais et des ruisseaux. Les bois et les chemins qui les traversent ; les hauteurs, les ravins ou coupures, la protection qu'on peut en retirer afin d'approcher l'ennemi le plus près possible, en se dérobant à l'action de ses projectiles, et sans s'exposer à des surprises desquelles résulte la perte des armées qui ne peuvent pas se déployer lorsqu'elles sont assaillies ;

7° La place du parc de réserve et le terrain situé en arrière de la position, afin d'y arriver avec confiance, si l'on venait à déloger ses adversaires, ou à vouloir couper leur ligne d'opération, ou enfin les obliger à manœuvrer.

A la guerre, tout dépend des connaissances positives que l'on acquiert du lieu qui doit en être le théâtre. En effet, combien de fois n'arrive-t-il pas qu'un obstacle inattendu arrête la marche de l'artillerie, de la cavalerie, quelquefois même de l'infanterie, et que le retard d'une seule de ces armes dans un mouvement combiné fait manquer à l'armée les résultats qu'elle aurait obtenus par leur concours réciproque. Ainsi, on ne peut prendre trop de précautions lorsqu'il s'agit de reconnaître un champ de bataille sur lequel on doit jouer le sort des nations. Pour aider dans les recherches scrupuleuses qu'on a à faire à ce sujet, ainsi que pour diminuer la longueur de la reconnaissance, il est prudent d'amener avec soi un homme du pays, ayant une connaissance parfaite des localités (1). Indépendamment des renseignements

---

(1) Les meilleurs guides à prendre sont les gardes cham-

donnés par ce guide sur les terrains qu'on ne visite
que de l'œil, il est essentiel de se convaincre par soi-
même si les haies, les broussailles, les vignes, les
bruyères et les fossés ne seront pas un obstacle aux
manœuvres de l'artillerie et de la cavalerie, et si les
prairies sont assez solides pour leur passage, ou bien
le résultat qu'on peut attendre de leur humidité et
de celle des bruyères, dans le cas où l'on parviendrait
à forcer ses adversaires à se frayer un passage au
travers pour se retirer.

D'après ce que nous venons de dire, l'on voit qu'un
officier d'état-major doit être doué d'une âme assez
forte pour juger avec calme, au milieu des plus grands
dangers, de tous ces détails, qui entrent dans les renseignements qu'il doit fournir à son général.

Si l'ennemi gardait une position de manière à ce
qu'on fût dans l'impossibilité de passer autour pour en
examiner tous les accidents, l'on pourrait supposer
que, dans une chaîne de montagnes, les angles sail-
lants qu'on aperçoit d'un côté doivent produire de
l'autre des angles rentrants, et que les cours d'eau
que l'on rencontre dans les enfoncements doivent
donner du côté opposé des côtes et des terrains ari-
des. Malgré cette conjecture, basée sur l'ordre natu-
rel qui régit le globe entier, il ne serait pas prudent
de vouloir effectuer un mouvement décisif sur ce terrain supposé, et dont on ignorerait absolument la
forme, de peur d'y rencontrer de ces bizarreries de
la nature qui occasionneraient peut-être des pertes ir-
réparables, de même qu'elles pourraient offrir une disposition de site plus avantageuse qu'on n'oserait l'es-
pérer.

---

pêtres ou forestiers, les braconniers, les bergers, les contre-
bandiers, et dans les bois ou forêts, les bûcherons et les char-
bonniers.

En tout, il faut de la prudence, et la guerre exige qu'on joigne encore à celle de prévoir ce qu'on fera dans le succès, les dispositions à prendre si la fortune est contraire : par exemple, pour attaquer une position, est-il nécessaire de franchir une rivière ? Il faut premièrement la sonder, chercher plusieurs passages praticables pour toutes les armes composant l'armée, et qui ne soient pas tous à la proximité les uns des autres : les premiers pour aller, et les autres pour revenir en cas de malheurs. On ne peut être trop circonspect lorsqu'il s'agit de proposer à un général de faire effectuer une opération aussi délicate dans le voisinage de l'ennemi, de peur qu'étant attaqué au moment où une partie des troupes serait passée, et l'autre engagée dans l'eau, il ne vienne couper la première et canonner la seconde jusque sur la rive opposée.

Pour assurer le passage des troupes, il faut, autant que possible, trouver une position découvrant au loin le terrain par lequel l'ennemi peut se présenter, et susceptible de contenir en observation beaucoup de pièces en batteries. A défaut d'éminences pour les bouches à feu, on choisit l'emplacement le plus avantageux pour y élever des épaulements. Si, en raison de la profondeur de l'eau, il ne se trouve pas d'autre moyen de passer qu'en construisant des ponts ou des radeaux, autant pour la conservation des travaux que pour garantir les troupes du feu de l'ennemi, l'on s'attache à trouver des points où la rivière est encaissée ou située dans des bas-fonds, en observant toujours que les voitures aient la possibilité d'en sortir.

Ces dispositions arrêtées, après avoir été mûrement réfléchies, l'officier s'occupe de choisir les éminences les plus favorables à l'artillerie et les plus avantageuses aux troupes composant le corps d'armée auquel il appartient, et part ensuite pour rendre compte de sa mission à celui par qui il a été envoyé.

A son arrivée, il remet le plan topographique qu'il a levé, et, s'il est possible, un rapport écrit contenant tous les renseignements qui peuvent y être relatifs, se tenant prêt à marcher pour conduire les colonnes, etc. sur le terrain reconnu. Une fois parti, il observe pendant sa route d'envoyer souvent au général, ou à son chef d'état-major, des détails sur les événements qui se succèdent pendant le trajet qu'il parcourt, et pendant l'action à laquelle les troupes confiées à sa direction sont appelées à prendre part.

POSITION DÉFENSIVE.

L'officier chargé de trouver une position susceptible d'arrêter la marche de l'ennemi, ou du moins de lui offrir une bataille, a trois choses à considérer :

La première, le détail du terrain en tout ce qui tient à sa configuration et les retranchements à y construire pour se mettre à couvert;

La seconde, les abords et les débouchés sous le rapport des attaques, afin d'éviter que l'ennemi puisse se présenter sur un front étendu;

Et la troisième, les derrières de la position, pour conserver la ligne d'opération, et être assuré que l'artillerie parviendra sans peine sur tous les endroits où son feu sera jugé nécessaire.

Ainsi, d'après ces principes établis, il s'occupe,

1° De rencontrer une position convenable au nombre et à l'espèce de troupes qui doivent la défendre, pouvant fournir la quantité d'eau et de bois nécessaire au temps présumé de l'occupation.... Si c'est dans un pays coupé par des montagnes, etc., que le front et les flancs de cette position, d'un accès difficile, dominent tous les points du terrain environnant, au moins à une distance de 1870 mètres, pour que le canon puisse défendre chaque passage par lequel on peut y arriver, et que l'ennemi ne puisse pas s'y former en bataille sans être exposé à l'action des projectiles ;

2° Que ses côtés soient appuyés à des villes, des villages, des rivières, des marais, des montagnes, des ravins ou des bois impraticables, que l'ennemi ne puisse tourner qu'en faisant de grands détours ou par des manœuvres de flanc, en se mettant totalement à découvert, et en abandonnant sa ligne d'opérations ;

3° Pour l'emplacement des réserves et de la deuxième ligne de bataille, que cette position ait au moins six cents mètres de profondeur, et que les corps une fois en ligne ne soient séparés entre eux par aucun obstacle dans le cas de les empêcher de pouvoir se porter secours réciproquement ;

4° Une autre chose à considérer, c'est que, pour qu'une position soit bonne et n'affaiblisse pas les moyens de défense, il faut qu'elle ne nécessite pas un trop grand nombre de postes pour sa sûreté, et que de tous ses points on soit à même de renforcer dans un instant ceux qui seraient attaqués avec le plus d'acharnement ;

5° Que les défilés et les bois situés en avant de son front ne puissent jamais dérober les mouvements de l'attaque ;

6° Que ses derrières soient parfaitement libres.

Il est rare qu'une position réunisse tous les avantages qu'on vient de décrire ici, mais on supplée à l'insuffisance de ses ressources par des ouvrages tels que des redoutes, des abattis, des retranchements, des inondations, et des batteries dominant le terrain abandonné à l'ennemi, et croisant leurs feux sur les débouchés par lesquels il peut se présenter.

Dans les pays de plaine, il se trouve aussi des positions qui ont le commandement sur les terrains adjacents ; mais leur pente en est si douce, qu'elle ne peut être considérée comme un avantage bien prononcé que sous le rapport des armes à feu, pour découvrir plus facilement les mouvements de l'ennemi, et lui dérober une partie des forces contre lesquelles il a à lutter. Ainsi, reconnaissant que l'assaillant aura la possibilité de se porter rapidement sur tous les points occupés, il faut nécessairement se retrancher, élever des abattis, enfin, fortifier de tous les moyens possibles la ligne qu'on veut défendre; mais, comme il n'existe aucun ouvrage de campagne en état de résister à l'attaque impétueuse de troupes résolues à sacrifier leur vie lorsqu'il s'agit d'une victoire, on considère qu'une position en plaine n'est bonne qu'autant qu'elle est découverte en avant de son front, au moins à la portée du canon ;

2° Que des ruisseaux profonds, ou des rivières, ou des marais impraticables lui servant de retranchements avancés, empêchent l'ennemi de s'y porter tout à coup en bataille, et le forcent à chercher des défilés pour y parvenir ;

3° Lorsque les ailes sont protégées par les mêmes obstacles que nous venons de désigner, ou par des bois fourrés, sans aucun chemin praticable (1);

4° Que la situation physique en arrière de la position ne soit pas nuisible en cas de retraite. Si cette portion de terrain est boisée ou coupée, qu'elle présente un nombre suffisant de débouchés (on peut alors en tirer parti pour un mouvement rétrograde, parce que les bois et les coupures fournissent des moyens de chicane continuels).

Une position dont les avenues sont barrées par des obstacles insurmontables est mauvaise, parce que l'ennemi porte alors ses forces sur un autre point, soit pour faire diversion; soit encore pour parvenir au but où il projetait d'atteindre en entrant en campagne. Il

---

(1) On se sert quelquefois de la cavalerie pour soutenir les ailes d'une ligne de bataille qui ne sont pas protégées par le sol.

faut donc lui laisser concevoir des espérances, et pour ainsi dire l'engager à attaquer, et qu'il n'y ait qu'au moment où il est bien avancé sur le terrain, que des obstacles naturels se présentant tout à coup, il se trouve contraint à se former en colonnes sur un front très peu étendu qui, d'après des dispositions bien combinées, ne peuvent pas se déployer et sont longtemps exposées au feu de l'artillerie avant de se retirer.

On observe aussi de ne pas se placer sur un champ de bataille trop embarrassé de haies ou trop traversé de fossés, afin de ne pas être gêné lorsqu'on vient à avoir besoin de ses réserves. Si ces sortes de coupures se rencontrent sur le sol que parcourt l'ennemi, elles l'empêchent de manœuvrer, mais les haies peuvent masquer avantageusement ses tirailleurs.

Dans les guerres qui ont eu lieu depuis la révolution, l'armée française a eu rarement le temps de fortifier les positions où elle s'établissait ; la précipitation qu'elle était forcée de mettre dans la poursuite des peuples sans cesse battus par elle et toujours en retraite, lui a fait considérer tout ce qui a rapport à la fortification passagère comme des ouvrages élevés par la crainte. Habituée à combattre à découvert, à vaincre par l'habile combinaison de ses généraux, et son impétuosité surmontant les efforts en tous genres de ses ennemis, si elle eût ajouté à tant d'avantages dont l'avait douée la nature, les précautions et les sûretés que l'art de la guerre prescrit, ses conquêtes auraient été peut-être plus longues à faire, mais elles ne lui auraient pas coûté la mort d'un si grand nombre de braves.

Maintenant que la paix a donné le temps de revenir sur la relation des faits d'armes qui ont illustré la France, de juger des choses faites et de celles qu'on aurait pu faire pour obtenir de meilleurs résultats ; que chaque militaire a ajouté à la pratique acquise sur le champ de bataille, une théorie profonde sur la carrière qu'il a embrassée lorsque son pays ne réclamait que son dévouement, les guerres ne se feront probablement plus à l'avenir sans que chaque peuple belligérant (car les étrangers ont sans doute travaillé comme nous) ne joigne au courage dont il est susceptible, des connaissances exactes sur la manière d'augmenter ses propres forces. Ainsi, redoublons de zèle pour conserver l'avantage qu'on nous a reconnu dans toutes les circonstances, malgré même les événements qui ont suivi le traité fait contre nous par l'Europe coalisée.

OBJETS A CONSIDERER

SUR UN TERRAIN VU MILITAIREMENT.

Routes et chemins.

Leur direction..., leur largeur variable, ou constante..., leur nature, pavés..., ferrés..., battus..., pierreux ou sur un sol couvert de gravier ou de sable... ; les montées, les descentes évaluées en heures de marche..., praticables dans quelles saisons et pour quelle espèce de troupes...., bordés d'arbres, de haies, de fossés.... Les rivières, les villes, bourgs, hameaux...., le pays, etc., qu'ils traversent.... Les ponts, les gués à passer.... où vont les chemins qui s'y embranchent, l'état de ces derniers et l'utilité qu'on peut en retirer, ou bien les précautions à prendre pour empêcher l'ennemi de s'en emparer... S'ils peuvent être rompus facilement..., les hauteurs qui les dominent. Dans les montagnes, si leur tracé est direct ou tournant.... Les pentes d'enrayage, ou bien qui exigent de renforcer les attelages..., les encaissements, les mauvais pas..., les réparations à faire pour le transport de l'artillerie et le passage des autres troupes.... S'ils sont creux? les endroits à combler pour éviter des accidents aux voitures qui, venant à se briser, arrêtent la marche des colonnes. On doit noter la largeur de la voie du pays.... Si le chemin que l'on observe est le seul dans la direction à suivre, il faut voir s'il peut être ouvert, relativement à lui, des routes pour faciliter le trajet des autres colonnes, et, dans ce cas, tracer l'itinéraire de ces troupes.

Il est essentiel d'observer que les chemins qui traversent des terres fortes, deviennent presque toujours mauvais en temps de pluie, et que les sentiers que l'on néglige souvent de reconnaître, peuvent avec peu de travail servir de chemins excellents. (A l'égard de ces derniers, il ne faut pas dédaigner d'interroger les gens de la campagne, car en 1808, sur le rapport d'un petit pâtre, M. le général Saint-Cyr trouva le moyen d'éviter de passer devant le fort d'Hostalrich et de gagner Barcelone, où il allait porter du secours.)

Il faut noter exactement le temps nécessaire aux troupes pour parcourir toutes les distances reconnues.

Défilés.

Leurs dimensions.... Leur direction en ligne droite ou circulaire.... Le temps nécessaire pour les traverser..., combien d'hommes à pied et à cheval peuvent y entrer de front..., les passages directs ou circulaires par les flancs et les derrières des défilés, praticables pour l'infanterie, la cavalerie, l'artillerie et les convois.... Les travaux pour les améliorer.... Les postes, les batteries à placer pour couvrir un mouvement.... La position favorable à occuper pour protéger le passage.... La nature du sol à la gorge et à la sortie du défilé.... Comment s'y former en bataille.... Le point par lequel on doit déboucher sur l'ennemi ou l'arrêter, et avec quelle espèce de troupes, et s'il est utile à cet effet d'établir des ouvrages de fortification.

Ponts.

Leur abord, leurs dimensions ; sont-ils en bois, pierres, briques.... Leurs débouchés sont-ils faciles ; précédés d'une chaussée pavée, ferrée ou d'un chemin creux, qui offre la possibilité de devenir praticable ou d'être rendu impraticable.... Les communications que les ponts établissent.... Le moyen le plus prompt de les rompre s'ils sont nuisibles ou de les réparer s'ils sont utiles, et d'en construire même de nouveaux, d'après les facilités que présentent les rivages, le courant, la largeur, l'encaissement et les gués de la rivière.... Où faut-il les établir.... Quels sont les matériaux nécessaires à cet effet.... Trouve-t-on des ponts volants, ou bacs qui puissent être employés pour le passage.... Les ponts existants sont-ils assez solides pour supporter l'artillerie, les chariots, la cavalerie ou seulement de l'infanterie. Quels sont les ouvrages nécessaires pour les fortifier, ainsi que la rive du côté de l'ennemi.... Enfin comment devrait-on les attaquer si l'on venait à les perdre.

Gués.

Leur emplacement,.... les points de repère qui les indiquent,... leur fond,... leur longueur et leur largeur,... leur volume d'eau à l'entrée, au milieu et à la sortie, et s'il est susceptible d'augmenter tout à coup au point de devenir impraticable.... Leur abord,.... leur débouché.... Une fois qu'on y sera engagé, a-t-on à craindre d'y être coupé ?.... Par quels points.

Les gués ne doivent pas avoir, pour l'infanterie, plus de trois pieds, et de quatre pieds pour la cavalerie. Lorsqu'ils sont situés dans une eau dont le courant est rapide, cette profondeur doit être diminuée d'un demi-pied pour chacune de ces deux armes, et principalement pour la première. Relativement aux caissons, l'eau ne doit pas excéder deux pieds, sans cela les munitions sont mouillées.

Le meilleur moyen de s'assurer d'un gué ou d'en trouver d'autres que ceux indiqués par les paysans, est d'attacher une sonde à un bateau de manière à ce qu'elle ne puisse pas entrer de plus de trois pieds dans l'eau : si pendant le trajet que l'on fait en descendant son cours, il se trouve un endroit assez peu profond pour qu'elle en atteigne le fond, on en est averti de suite par le mouvement vacillant que le frottement imprime à la sonde.

Il est prudent, lorsqu'on a reconnu un gué, d'y enfoncer des piquets portant des divisions, afin de s'assurer s'il éprouve une variation quelconque.

Dans les pays des montagnes, il se trouve des gués qui n'existent que pendant l'été ou seulement dans la saison des pluies. On ne peut se servir des premiers que lorsque l'eau des neiges est entièrement écoulée, et des seconds que par les grands froids.

Les piquets placés sur deux rangs et retenus entre eux par des cordages, forment des rampes très utiles autant pour indiquer la direction des gués, que pour empêcher les accidents.

Lorsqu'une rivière offre un gué d'une largeur étendue, on peut se servir de la cavalerie pour couper obliquement le courant de l'eau et faire passer l'infanterie en dessous. Si l'on peut y mettre deux colonnes de cavalerie, l'infanterie se place entre elles pour traverser.

Dans les pays de montagnes, il se trouve ordinairement de grosses pierres dans les gués, ce qui est fort gênant pour les chevaux et presque un inconvénient insurmontable pour les voitures.

Les gués dont le fond est de gravier, sont les meilleurs : ils se rencontrent le plus ordinairement dans les pays de plaines cultivées.

Dans les contrées sablonneuses ou couvertes de bruyères, le fond des rivières est communément d'un sable-fin et mouvant qui est fort dangereux, parce que si l'on y fait passer une grande quantité de chevaux, les premiers délaient ce sable que l'eau entraîne ensuite, et les derniers perdant pied sont forcés de nager. Les gués bourbeux sont encore plus dangereux.

Pour rompre les gués ou les rendre inutiles à l'ennemi, il existe une infinité de moyens ; les deux meilleurs sont :

1° De couper sa largeur par un fossé aussi profond que possible ;

2° De couper des arbres, de les jeter dans le gué, leur tête tournée vers la rive par laquelle on doit attendre l'ennemi : si le courant de la rivière est rapide, on oppose obliquement leurs têtes au fil de l'eau.

Bois et forêts.

Les bois ou forêts peuvent nuire ou favoriser les mouvements d'une armée. Pour les bien reconnaître, on en fait premièrement le tour, on examine les chemins qui en sortent ; l'on demande d'où ils viennent et où ils aboutissent. On en fait de même pour les ravins, les ruisseaux qui dépendent de la forêt ; s'ils sont considérables, on les suit jusqu'à leur naissance, en ayant soin de prendre note de tous les chemins qui les coupent et des lieux marécageux qu'ils traversent.

Voici les principaux renseignements à recueillir pour les bois ou forêts.

Leur position, leurs dimensions, leur épaisseur ; l'espèce d'arbre que l'on y trouve, soit de futaie ou de taillis, clairs, épais ou fourrés partiellement ou totalement.... Plusieurs masses forment-elles des trouées également larges partout ou rétrécies en certains endroits ?... leur étendue. Les bois de droite et de gauche, sont-ils épais ? sont-ils susceptibles d'être tournés ? Le point de leur trouée la plus large... Le sol de la forêt est-il uni ou montueux... la dimension et l'état des chemins et des routes ; d'où viennent-ils, où vont-ils ? Est-il utile de les élargir ? Faut-il en ouvrir d'autres ; dans ce cas, la direction à leur donner pour éviter les attaques de flanc.... Les moyens de se retrancher, de faire des abattis, des palanques, de profiter des lieux fourrés, et les avantages que l'on pourrait obtenir sur l'ennemi en se retranchant ainsi.... La nature du terrain avoisinant les bois.... recèle-t-elle des positions ?.... Existe-t-il dans la forêt ou ses environs des champs cultivés, des prés, des châteaux ou autres habitations, il faut indiquer leur distance de la lisière. — Si l'on rencontre des ravins, des ruisseaux, des sources, des marécages, leur fond et leur direction doivent également être notés.

Arbres et édifices de marque.

Il se trouve quelquefois des arbres ou des édifices isolés qui fixent l'attention et peuvent servir d'indication, soit pour marquer un alignement ou la direction d'une colonne de troupes, à laquelle il est ordonné de laisser ou de prendre, sur la droite ou la gauche de ce point de marque, une route, etc., soit encore pour placer un poste d'après les mêmes observations.

Haies.

Les haies sont claires et maigres dans les pays sablonneux, et souvent impénétrables dans les terres fortes. Celles qui sont fourrées et plantées derrière de petits murs servent utilement par le profil du parapet qu'elles présentent, à l'établissement des postes. Les haies de Bretagne et de Normandie, sont réputées comme étant les plus avantageuses, pour les guerres de partis.

Il faut examiner attentivement la nature des broussailles bordant les routes, afin de juger de l'obstacle qu'elles présentent pour passer dans les champs.

Bruyères.

Leur nature, pour quelle espèce de troupes sont-elles praticables ; peut-on y faire passer de la cavalerie, de l'artillerie, des bagages. Y a-t-il des ravins, des routes, des sentiers qui les coupent,... y coule-t-il des ruisseaux dont les fonds soient fermes, marécageux ou de sable mouvant.

On a presque toujours observé que les bruyères élevées sont particables en tous temps, que celles qui sont basses étaient sujettes à devenir marécageuses, et que l'on rencontre quelquefois dans ces dernières des bouquets de bois. Lorsque le sable des bruyères est d'une couleur jaunâtre, leurs chemins sont bons en tous temps, et s'il est noirâtre ou mêlé de blanc, ils sont impraticables l'hiver et même dans un été pluvieux.

Vignes.

La nature du sol et ses accidents ;... les vignes sont-elles plantées en sillons profonds ou autrement,... soutenues par des échalas, des perches ou des arbres,.... entourées de murailles en pierres sèches ou maçonnées ; de haies vives, de fossées, de palissades,... pour quelles troupes peuvent-elles servir,... peut-on y faire passer de l'artillerie ?

Vergers.

Leur emplacement,... leur étendue ;... sont-ils clos de murs, de haies vives, de fossés, de gazons,... sont-ils couverts,... est-il nécessaire de les garder ou d'en chasser l'ennemi,... leurs arbres peuvent ils être utilisés ?

Fleuves, Rivières, Ruisseaux et Canaux.

Les fleuves et les grandes rivières sont d'excellentes barrières pour un pays. Lorsqu'ils traversent un sol plat, ils sont ordinairement peu rapides, mais ils ont presque toujours une grande profondeur. Dans les pays de montagnes, au contraire, leur cours est fort rapide, ils croissent et diminuent suivant les temps. Les pluies, la fonte des neiges les augmentent, et l'été les réduit.

Les fleuves ou rivières qui forment beaucoup de sinuosités, présentent plus de facilités pour les traverser que ceux dont le cours est direct, parce que l'ennemi est obligé, pour en défendre le passage, de parcourir des arcs de cercle, tandis qu'on n'en suit que les cordes pour attaquer.

Les ponts s'établissent aux points les plus rentrants des sinuosités de la rivière : à cet effet, il faut examiner si ses deux rives permettent d'en exécuter les travaux ; car si de la surface de l'eau à la crête du bord il y avait plus de six à sept pieds, l'emplacement rendrait l'entrée et la sortie des ponts difficiles. Il faut placer des batteries sur les côtés du coude, le plus en avant possible, afin d'éloigner l'ennemi, et l'emplacement que l'on choisit pour l'artillerie ne doit être ni commandé ni pris de rouage.... S'il n'y avait point de sinuosités, l'on choisirait le point où la rive serait plus élevée que celle opposée.... Si les rives étaient de même hauteur, l'on fixerait pour l'emplacement du pont, le point en avant duquel la rive de l'autre côté serait le plus à couvert, et par ce motif la plus favorable à l'action de l'artillerie. Les haies et les buissons qui se trouvent sur la rive opposée, ne sont pas nuisibles aux constructions des ponts lorsque la rive intérieure les domine et qu'elles ne masquent pas les vues de l'artillerie ; car ces haies peuvent servir à couvrir de l'infanterie ennemie. Le voisinage des rivières et gros ruisseaux dont le confluent est sur la rive intérieure, est avantageux pour l'établissement des ponts,... Le terrain sur lequel on doit déboucher ne doit pas être coupé de marais, de bois, etc., dans le cas d'empêcher le développement des colonnes ou de recéler l'ennemi.

Les fleuves ou rivières qui se divisent en plusieurs bras et forment des îles, sont sujets à changer de lit à l'époque des crues d'eau.

La crue des eaux a ordinairement lieu trois fois par an : la première à l'époque du commencement de la fonte des neiges, en mars et avril ; la seconde dans les grandes chaleurs, en juillet ou août, et la troisième par les pluies en hiver.

Voici les principales observations à faire pour reconnaître les fleuves, rivières, ruisseaux et canaux :

D'où viennent-ils,... où vont-ils,... la nature du pays qu'ils arrosent,... quelle protection en retirer,... la qualité des eaux,... leur volume,... leur pente,... leur lit,... leur encaissement,... leur cours,... leurs courants,... leur fond, vaseux, couvert de graviers, de pierres, etc.... Gèlent-ils? la glace peut-elle porter,... les moulins qu'on y rencontre,... les ponts,... les bacs..., les gués..., les crues d'eau,... le temps ou elles arrivent ; occasionnent-elles des inondations?... Dans les points de passage, leur largeur, leur profondeur, leurs bords ; les chemins, sentiers qui aboutissent à ces points.

Les îles que l'on rencontre sont-elles habitées, boisées, cultivées, en bruyères? La grandeur de ces îles, leur escarpement, leur commandement relativement aux rives. Peut-on les utiliser, soit pour diminuer la portée qu'un pont devrait avoir, ou lui donner plus de solidité, soit encore pour placer des postes, afin de protéger les travaux ainsi que le passage, ou les empêcher, s'il était nécessaire de retenir l'ennemi sur la rive opposée.

Les fleuves ou rivières, etc., sont-ils navigables? depuis

quel endroit.... La grandeur des bateaux en circulation la quantité que l'on pourrait en réunir.... les coudes que présentent les rivières, leurs sinuosités, la forme des presqu'îles.... peut-on y jeter des ponts? Les montagnes, collines, rideaux qui avoisinent les rives, leur commandement constant ou alternatif, leur pente, leur forme, leur distance des bords..., Les ravins qui aboutissent aux rives, sont-ils praticables? Les bras ou confluents d'autres rivières qui sont à portée et au-dessus des lieux où l'on peut établir des ponts. La nature des bois situés sur le rivage, favorables ou contraires.

Les positions que le terrain peut offrir à une armée parallèlement ou perpendiculairement à l'une ou à l'autre rive.... L'itinéraire de cette armée supposée sur trois ou quatre colonnes longeant ses bords.

Pour les ruisseaux et les canaux, le moyen de les saigner, de les détourner, de les ruiner, de les protéger, d'en empêcher la navigation, d'en obtenir des inondations.... Leurs écluses, la manière d'en établir de nouvelles.

La reconnaissance d'une rivière, etc., doit indiquer, dans l'offensive, tous les points susceptibles de passage, et dans la défensive, ceux à garder.

Le problème à résoudre pour qu'une rivière, etc., soit de bonne défense, consiste à rendre nuls les avantages que le terrain adjacent peut offrir à l'ennemi, ainsi que les ressources que peuvent comporter les localités en bateaux, etc. A cet effet, il faut indiquer les positions convenables à l'armée pour garder la plus grande longueur d'une rivière, en restant en mesure de se porter sur les points où l'ennemi voudrait en tenter le passage, et reconnaître les chemins que doivent suivre les patrouilles. Il faut alors rompre les gués et placer des redoutes dans les points rentrants.

Rivières gelées.

Il faut essayer et mieux encore sonder l'épaisseur de la glace. Celle qui présente 0ᵐ16 d'épaisseur, et qui repose parfaitement sur l'eau, est en état de supporter toute espèce de charges à la s ite d'une armée. Si elle n'a que 0ᵐ08 d'épaisseur et qu'elle touche bien à l'eau, elle possède une force suffisante pour laisser passer l'infanterie par file et les pièces de campagne sans être attelées. Il faut au minimum 0ᵐ11 d'épaisseur à la glace touchant l'eau parfaitement, pour être certain que la cavalerie passera sans accident.

Inondations et Ecluses.

Le niveau de retenue des eaux,... leur effet,... combien faut-il de temps pour que l'inondation soit tendue à son maximum?... la situation et l'étendue des terrains inondés..., les inondations proviennent-elles des crues d'eau factices ou naturelles; dans ce dernier cas, à quelles époques commencent-elles et finissent-elles?... Si l'inondation est artificielle, comment pourrait on la saigner, ou bien, serait-il nécessaire d'élever des digues pour la retenir?

Comment s'emparer des écluses ou les défendre?... la manière la plus propice pour empêcher ou retarder leur effet,... de les détruire,... de les réparer,... la quantité d'eau qu'elles fournissent, y a-t-il possibilité de l'augmenter?

Sources, Fontaines.

La qualité et la quantité des eaux,... est-on maître de la source dans tout son cours..., peut-on puiser l'eau avec facilité et en abreuver les chevaux?.... l'emplacement des sources ou fontaines, relativement à un camp, etc.

Prairies marécageuses, Marais, Etangs, Mares, Flaques d'eau.

Leur position, leurs dimensions et leur profondeur dans toutes les directions, relativement à leur cause...; provient-elle de l'humidité du sol, de sources, du débordement d'une rivière sur un terrain solide?..... comment les traverser,... sont-ils permanents ou accidentels?... y a-t-il des routes ou sentiers peu connus? des chaussées ou jetées en fascines, etc. Peut-on réparer les communications existantes ou en établir? comment défendre les chaussées, pour protéger ou empêcher le passage des colonnes?... rencontre-t-on des bouquets de bois?... quelle est la bordure des prairies marécageuses, la nature du terrain qui leur succède dans toutes les directions,... l'époque à laquelle elles peuvent être praticables,... y a-t-il des brouillards (dans ce cas, sont-ils malsains)? le temps pendant lequel ils ont l'habitude d'occasionner des maladies.... Les marais fournissent-ils de la tourbe?

Dans les pays sablonneux ou couverts de bruyères, il existe ordinairement des marais couverts d'eau en hiver et presque secs en été. S'il s'y trouve d'anciennes traces de voitures et même de nouvelles, il faut les suivre et les sonder lorsqu'on présume que la direction qu'elles indiquent peut devenir essentielle au passage des troupes.

Les prairies marécageuses sont impraticables pour la cavalerie et quelquefois même pour l'infanterie. On les reconnaît facilement à leur aspect, qui offre une herbe haute et serrée, parmi laquelle il se trouve une espèce de mousse d'un vert jaunâtre.

Prairies et Pâturages.

L'étendue des prairies ; sont-elles coupées de haies, de fossés, etc., où se rencontrent-elles ? Peut-on les inonder en retenant les eaux auprès des moulins ou par tout autre moyen,.... dans quelles saisons éprouvent-elles des variations?.... la quantité de fourrages qu'elles peuvent fournir.

Il existe quatre espèces de prairies : celles dont la surface est molle et le fond solide ; les spongieuses, dont on se tire difficilement ; celles qui ne sont praticables que momentanément, et enfin les marécageuses. On en trouve qui semblent praticables pendant l'été, et qu'une colonne de cavalerie et même d'infanterie ne pourrait cependant pas traverser. Il faut se défier de celles dont l'herbe est haute et serrée, et dans lesquelles on aperçoit des parties de mousse d'un vert jaunâtre : ces sortes de prairies sont ordinairement impraticables, même pour l'infanterie, en temps de pluie. Lorsqu'on aperçoit du jour parmi les herbes d'un pré, c'est une preuve qu'il est marécageux. On peut tirer la même conclusion des touffes d'herbes d'un vert plus éclatant que les autres, car c'est le séjour de l'eau qui leur donne cette couleur vive.

Ravins et Torrents.

La nature du terrain, en rochers, terres, cailloux mouvants, sables, etc.;... leur état à leur naissance et jusqu'à leur débouché.... Les ravins deviennent-ils des précipices? peut-on réduire leurs escarpements en talus praticables? peuvent-ils être suivis par des troupes? Dans ce cas, les dispositions à prendre pour y être en sûreté... Les orages, la fonte des neiges, les éboulements sont-ils à craindre?... n'y a-t-il de l'eau que momentanément ou constamment dans les torrents?... En quels temps éprouvent-ils des variations? Leur fond, après avoir été sondé, est-il reconnu assez solide pour le passage des troupes, ou trop bourbeux pour le permettre?... Quelle est la largeur et la profondeur de l'eau que l'on y trouve.

2*

Plaines.

Dans les plain s découvertes, rencontre-t-on des rivières ,... des ruisseaux , des villes , des villages, des hameaux , des châteaux , des propriétés closes de murs,... des chemins, routes ou sentiers,... des positions ?... Quelle en est la culture, et l'utilité de ses produits pour une armée ?

Dans les plaines boisées et en partie cultivées, de plus que les objets ci-dessus désignés , il faut reconnaître l'emplacement et les dimensions des bois grands et petits, leur espèce et leur qualité. Peuvent-ils servir à appuyer une aile d'armée ou à couvrir des troupes,... les haies qui s'y trouvent,... les bruyères sèches ou marécageuses,... les étangs, marais, flaques d'eau,... les propriétés de l'air et des eaux ,... les espèces et qualités des matériaux pour la construction, que l'on peut se procurer sur les lieux, tels que le bois, la pierre et les métaux.

Dans l s plaines montueuses, qui réunissent souvent tous les détails compris dans les deux paragraphes précédents, il faut examiner avec attention tous les accidents de terrain qui peuvent appuyer les ailes d'une ligne de bataille, ou mettre les troupes à couvert, parce qu'il y existe une infinité de positions dont la reconnaissance devient d'autant plus difficile , que les inégalités du sol n'étant quelquefois que faiblement prononcées, échappent souvent à l'œil. Dans cette sorte de pays, on remarque : 1° que tous les chemins ou sentiers , etc., sont ordinairement creux aux approches des habitations, et que les plaines basses et fertiles se trouvent presque toujours coupées de canaux, de ruisseaux, et même de haies ; 2° que lorsqu'il existe deux rivières ou deux vallées parallèles l'une à l'autre, et éloignées de deux à trois lieues , le terrain qui les sépare forme habituellement une éminence continue , dont la crête est praticable dans toute sa longueur.

Pour conduire avec facilité et précision une reconnaissance de cette nature, on commence par la partie là plus élevée du sol, d'où reversent de droite et de gauche les ravins et les eaux. L'on suit ensuite, aussi loin que possible, les principaux chemins, les ravins, les rivières, les ruisseaux, en ayant soin de marquer en même temps que l'objet suivi, tous les ravins, ruisseaux, etc., confluents de droite et de gauche que l'on rencontre.

Il existe dans les pays montueux des ravins, ayant les débouchés faciles, dont le fond est en rampe douce et sec (du moins en été), et qui peuvent servir de route à une colonne. Il faut les bien reconnaître, voir à quel chemin ils aboutissent, et surtout garder soigneusement leurs débouchés contre l'ennemi.

Vallées et Vallons.

Sont-ils étendus, boisés, peuplés, cultivés, coupés par des rivières, des ruisseaux, des ravins?... peut-on y faire marcher sûrement et commodément des troupes? risque-t-on d'y être enfermé par l'ennemi?.... Les montagnes et hauteurs sont-elles assez éloignées pour que les troupes qui s'engageront dans les vallées ne soient pas incommodées par le feu de l'ennemi établi sur leurs sommets?

Cols et Passages.

Leurs places,... leurs dimensions,... praticables pour quelles armes,... leur communication directe,... leurs communications entre eux par les crêtes ou sommités;... le temps nécessaire afin d'arriver à la plus grande élévation par les routes établies... Peut-on ouvrir de nouveaux passages, et quels sont les moyens de conserver ou d'améliorer ceux existants.

Montagnes.

Leur position isolée ou relative entre elles;... peutes,... revers,... les points les plus importants à occuper,... leurs crêtes,.... cols,... pas ou passages,.... censes,...,routes,... sentiers,.... enfin le moyen d'arriver au sommet. La nature du terrain, tant sur les revers que sur les sommités et dans les vallées.... La forme de chaque montagne ; peut-on y conduire de la cavalerie,... du canon, ou uniquement de l'infanterie? Sont-elles couvertes de bois, de rochers nus, etc?... Y existe-t-il des ruisseaux, des pâturages, des fourrages, des villes, villages, hameaux, des châteaux ?... Quelles sont les positions propres aux camps? à quelle époque les passages des montagnes sont-ils ouverts, ou fermés par les neiges?... dans quel but doit-on occuper ces montagnes ou les traverser?... quels sont les plateaux qui peuvent devenir nuisibles si l'ennemi s'en emparait? par où peut-il vous tourner, ou pouvez-vous le tourner lui-même? Les hauteurs de moyenne élévation sont-elles praticables et utiles à occuper ? doit-on y placer des postes d'observation, des batteries ? Une fois entré dans les montagnes, peut-on conserver sa ligne d'opération? les communications avec les magasins seront elles courtes, faciles, et par quel point? L'ennemi peut il les couper? quels sont les moyens de les assurer ?

Les grandes chaînes de montagnes sont les meilleures barrières d'un pays ; il y exsiste peu de chemins, et il n'y a que leurs vallées qui soient praticables et habitées. En reconnaissant ces vallées, ainsi que l'affaissement des montagnes où les fleuves et les rivières prennent leurs sources, on trouvera, le long des rives, des chemins praticables, et l'on sera dispensé de parcourir les montagnes les unes après les autres pour trouver leur véritable emplacement.

Les pays montagneux ou boisés sont très difficiles à reconnaître, parce qu'ils offrent partout des positions, et qu'ils en renferment rarement qui ne puissent être tournées.

Pays montueux.

Les pays montueux, en partie cultivés et boisés, sont ceux qui exigent le plus d'attention pour les bien reconnaître, parce qu'ils renferment beaucoup de positions autant pour l'attaque que pour la défensive. Pour bien les reconnaître, il faut considérer les mêmes détails que vous trouverez dans les deux articles précédents, intitulés : *Plaines et Montagnes.*

VILLES OUVERTES, BOURGS, VILLAGES, HAMEAUX, FERMES, MAISONS ISOLÉES.

Leur situation,... la disposition des habitations,... la construction des maisons, sont-elles adossées? la défense dont elles sont susceptibles,... les murs qui les entourent, les bois, les fossés pleins d'eau, etc., s'il s'y trouvait un cimetière, une église, l'avantage qu'ils peuvent offrir pour la défense,... les bâtiments considérables,... la population,... le commerce ou l'industrie,... la nature des terres, leur produit,... les denrées de toute espèce que l'on trouve sur les lieux,... les ressources en hommes, chevaux, bestiaux, ouvriers de toute espèce, fours, moulins à eau et à vent,... pour le logement des hommes et des chevaux..... Si l'on comptait s'y retrancher, y mettre en sûreté un convoi, ou bien y appuyer une armée, quels sont les bâtiments susceptibles de servir de magasins, d'hôpitaux, de postes;... la qualité et la quantité des eaux pour abreuvoirs,... les matériaux pour la construction,... les combustibles...

Il faut examiner attentivement le nombre d'issues qui se rencontrent dans une ville, etc., les chemins qui aboutissent, et les jardins environnants, afin d'éviter les surprises, ou de choisir le point le plus favorable, si l'on attaque.

Les villes, bourgs, villages, etc., ne sont susceptibles de défense que lorsqu'ils dominent une plaine, ou qu'ils sont situés sur le bord d'une rivière. (*Voy.* le *Mémorial de l'Officier d'état-major en campagne*, p. 210, l'instruction du ministère de la guerre qui traite d ce sujet, et art. Fortification passagère, *Observations sur les villages*.)

Les maisons ou chapelles isolées ne peuvent être susceptibles d'être occupées par des postes qu'autant que leur situation et leur construction permettent d'y mettre des troupes en sûreté.

VILLES FORTIFIÉES.

Leur utilité pour faciliter les opérations d'une armée,... leur position, soit en première, soit en deuxième ligne,... leur enchaînement réciproque,... l'assistance qu'elles peuvent se donner mutuellement, et celle qu'elles peuvent recevoir d'ailleurs en cas de siége ou d'insulte,... les moyens d'y introduire des secours en troupes,... vivres,... armes et en munitions, suivant la direction des attaques... Peut-on les faire servir d'entrepôt principal,... a-t-on la possibilité d'y établir des hôpitaux,... les bâtiments sont-ils susceptibles d'être incendiés facilement.

Leur fortification, durable, passagère, rasante, élevée, revêtue; à demi-revêtement, en maçonnerie, en briques, en gazon; naturelle, artificielle, ancienne, moderne... Le terrain qui les entoure, favorable ou non ... leur position relativement aux débouchés par où l'ennemi peut pénétrer,... la défense dont elles sont susceptibles par elles-mêmes et par les ouvrages qu'on pourrait y faire;... le nombre des postes, l'état et la nature de leurs ponts, les chemins qui y aboutissent.

Les rivières,... la force de chaque front, est-il pourvu de fossés, formé de bastions, de tours jointes par des courtines ou par un simple mur, si les murailles ou les tours sont crénelées ; si un front offre des angles flanqués ou morts ; s'il y a des souterrains ou des voûtes, sont-ils à l'épreuve de la bombe ou non ?... Quel est le relief de la fortification intérieurement et extérieurement... Y a-t-il une citadelle bonne ou mauvaise ? dans quel but elle a été construite ?..

Les places sont-elles spacieuses, et les rues larges ou étroites, droites ou tortueuses, pavées ou simplement de terre battue, libres dans toute leur étendue, ou embarrassées ? Y a-t-il des puits, citernes, sources ou fontaines ? Combien de moulins à eau ou à vent, la quantité de grains qu'ils peuvent moudre en vingt-quatre heures... Les moulins à eau peuvent-ils être arrêtés par l'assiégeant qui détournerait un ruisseau, etc... Peuvent-ils moudre dans le temps des crues d'eau ou de sécheresse ? la place peut-elle être inondée ?..

Les dimensions des fossés,... la forme de l'investissement ; les postes à lier aux lignes de circonvallation ; la manière de fortifier les lignes la plus convenable au terrain, aux positions, aux ressources... Les communications les plus sûres à établir entre les quartiers, et les moyens de les couper... Les avantages du terrain entre le glacis et la ligne de circonvallation, pour favoriser ou contrarier les travaux de siége... Peut-on tourner les places ou passer au delà sans les attaquer ; les couper, les séparer par ce moyen du reste de la frontière ?... Les côtés forts et faibles de la place.

Le nombre d'hommes nécessaire à l'investissement, à l'attaque ou à la défense d'une place... Est-elle suffisamment pourvue en munitions de guerre et de bouche, et quels approvisionnements exige-t-elle en artillerie, armes, outils, palissades, pour le blindage de quelques bâtiments, etc... Les habitants sont-ils dévoués, sous quels rapports seraient-ils à craindre s'ils étaient mécontents ?... Le nombre de feux, de fours, enfin tous les autres détails dont il n'est point fait mention dans ce chapitre, et qui sont compris dans l'état statistique du ministère de la guerre, p. 146.

Pour conduire méthodiquement une reconnaissance de cette nature, avant d'examiner tous les détails de la fortification, on commence par s'assurer de la situation de la place, si elle est commandée ou dominée dans quelques parties, et de la distance à laquelle on peut approcher d'elle à découvert, autant sous le rapport des travaux de siége, que pour ne pas être exposé à l'action des projectiles.

Observations sur les villes anciennes.

Les villes fortifiées à l'antique tiennent encore quelque temps lorsqu'elles sont convenablement défendues. En se retirant dans de semblables places, on barricade les portes inutiles, on couvre les autres à conserver pour le passage des troupes, par des redants, etc. On barricade également, au moyen de traverses, toutes les rues aboutissant aux portes. On bouche les portes et fenêtres des maisons voisines qui pourraient favoriser l'envahissement. On forme une banquette autour du mur d'enceinte au moyen d'échafaudages, de terres rapportées, etc., etc. On perce des créneaux dans tous les murs ayant vue sur la campagne; l'on peut en faire aussi dans chaque rue, afin d'augmenter les moyens de résistance; enfin il faut se ménager des communications avec le local qu'on a choisi pour effectuer sa retraite, et qui doit être susceptible d'une défense vigoureuse, afin d'obtenir par ce dernier effort une capitulation avantageuse.

CITADELLES, CHATEAUX, FORTS ET REDOUTES.

L'importance de la citadelle relativement à la place, ses dimensions.... De quelle défense ses fronts sont

susceptibles, se flanquent-ils?... Les postes, soit pou
l'attaque, soit pour la défense.... Enfin, presque tous
les détails compris dans l'article précédent sur les
places fortes.

Les châteaux servent quelquefois de citadelle à une
ville.... S'ils sont isolés, ils peuvent devenir des postes
très importants. Il faut les examiner avec la même
attention que les ouvrages d'une place de guerre; reconnaître les souterrains qui s'y rencontrent et la nature de leurs voûtes. Quand un château est environné
de fossés pleins d'eau, ou que son enveloppe est en
bonne maçonnerie, on ne peut le forcer sans canon.
Il est prudent de brûler ceux qui peuvent tomber au
pouvoir de l'ennemi.

Les forts et les redoutes se placent ordinairement
sur un terrain élevé. Souvent on en a vu sur des rochers ou des montagnes si hautes, qu'ils ne remplis-
saient pas le but auquel ils étaient destinés, parce que,
en raison de leur situation, le canon ne pouvait pas
plonger assez pour défendre les approches. Ils exigent
presque le même examen, sous le rapport des ouvrages, que les places de guerre. S'ils sont situés sur
une montagne ou un rocher, il est à présumer que la
garnison ne peut y avoir de l'eau que par des fontaines
ou puits qui tarissent ordinairement en été, et qu'a-
lors elle se trouve réduite aux citernes ou à l'eau de
pluie, qui se corrompt facilement.

CÔTES MARITIMES.

Pour reconnaître une côte il faut, relativement au
terrain qui avoisine le bord de la mer, examiner tous
les détails dont nous venons de parler dans les articles précédents, et de plus, considérer la mer comme
nécessitant le même intérêt que la terre, puisqu'elle
devient également le théâtre de la guerre. Ainsi cette
opération consiste à ajouter à tout ce qui a été dit

plus haut des objets locaux situés sur un terrain vu militairement, et qui peuvent se représenter ici, tous les renseignements suivants :

La nature des côtes bordées de dunes, couvertes de rochers plats qui rendent leur abord plus ou moins dangereux, hérissées de falaises qui en interdisent totalement l'accès.... les parties développées et découvertes propres aux descentes.... les parties rentrantes formant des baies, anses, laisses, rades et ports... les pointes et les caps pour l'établissement des forts et des batteries qui pourront défendre les points accessibles... les îles adjacentes servant d'ouvrages avancés qui, d'après de bonnes dispositions, sont susceptibles de former des barrières à opposer aux tentatives de l'ennemi.... Les laisses, les anses, les baies, les rades, les ports dépendants du lieu ou non, à l'abri des vents ; si le mouillage est bon, s'il est facile d'y arriver, et quelle est sa profondeur ; s'il a des courants, les vents nécessaires pour l'entrée et la sortie de ces ports ; enfin, leurs avantages et leurs inconvénients.... Quelles sont les heures et les hauteurs des marées plus ou moins favorables pour aborder ?... S'il se trouve pendant la basse mer des endroits de la côte qui soient assez secs pour permettre d'y aborder ou de passer ?... La mer est-elle ordinairement tranquille ou orageuse ; les époques où elle est plus ou moins dangereuse ?... Les différentes batteries existantes ou à établir pour la défense des mouillages des passes... les retranchements, les épaulements pratiqués dans les parties où l'on peut tenter des descentes... les camps et les postes nécessaires pour couvrir l'intérieur du pays ou ses établissements, les retranchements à y construire pour s'y maintenir et y combattre... les emplacements les plus avantageux pour les points à défendre.... l'état des forts qui protégent la côte ; des batteries, des corps de garde et de toutes les pièces d'artillerie... Analyser les systèmes de défense donnés, les améliorer, en

faire un nouveau... calculer les forces que peuven
fournir, dans un moment de surprise, les canonniers
sédentaires, en attendant que des troupes venant d'un
point quelconque soient arrivées au lieu de l'attaque.

TÉMPÉRATURE.

Causes physiques qui peuvent influer sur la santé...
propriétés de l'air... froid... chaud... humidité... sécheresse.... saisons.... longueur des intempéries;
moyens de s'en garantir, usage des habitants à cet
égard.

DES DECOUVERTES.

Le service des découvertes rentre dans celui de
chaque brigade; il est réglé par le général commandant la division lorsque les brigades sont contiguës, et
par le maréchal de camp si les brigades campent isolé ·
ment ou en arrière de localités qui exigent des découvertes séparées.

Ce service est fait en outre, mais avec moins d'ex-
tension et comme patrouilles, d'après les ordres des
officiers qui commandent les grand'gardes.

SURETÉS A PRENDRE PENDANT LES RECONNAISSANCES ET LES DÉCOUVERTES.

Reconnaissances.—On a dit qu'une reconnaissance
avait pour objet de s'assurer des postes occupés par
une troupe ennemie, et de trouver les points les plus
avantageux par lesquels on peut l'attaquer, ou bien
de choisir les terrains les plus convenables pour faire
marcher, camper et combattre une armée, en ayant
soin de bien appuyer ses ailes et d'assurer ses communications par derrière (ce qui s'appelle conserver
sa ligne d'opération).

Découvertes.—Les découvertes diffèrent des reconnaissances en ce qu'elles n'ont pour but que d'éclairer un camp, un cantonnement, une ville, etc., sur les mouvements de l'ennemi, sur sa composition et le nombre de troupes qu'il a mis en marche, et que, non-seulement les officiers d'état-major, mais encore ceux de toutes armes, peuvent en être chargés.

L'une et l'autre de ces deux opérations de guerre exigent des mesures de sûreté sans lesquelles on ne pourrait souvent avoir que des renseignements inexacts, si l'officier qui en est chargé devait joindre au soin de les recueillir celui de se garder lui-même. Pour remédier aux inconvénients qui résulteraient infailliblement de l'attention qu'il serait obligé d'apporter à sa sûreté personnelle, et lui laisser la possibilité de s'acquitter de sa mission, on lui donne des détachements dont la force et la composition varient suivant les localités et les probabilités basées sur les dangers qu'il a à courir.

M. le lieutenant général baron Thiébault, dans son *Manuel sur le Service des Etats-majors*, définit ainsi les précautions que doivent prendre les officiers chargés des reconnaissances ou des découvertes (1).

« Quoi qu'il en soit, dans toute mission de cette na -
« ture, et devant être remplie à portée de l'ennemi,
« l'officier commandant marchera avec les plus gran-
« des précautions, et toujours entouré d'éclaireurs; il
« fera fouiller les villages, chemins creux, bois, de
« même qu'il fera reconnaître les plaines avant de s'y
« engager. S'il a de l'infanterie et de la cavalerie, il
« disposera les troupes de son détachement selon le

------

(1) Ces dispositions étant tracées par la main d'un général aussi instruit en théorie qu'en pratique, nous avons cru devoir copier fidèlement les leçons qu'il nous a données dans son *Manuel général sur le Service des Etats-majors*.

« terrain, couvrant en plaine l'infanterie par la cava-
« lerie, couvrant dans un pays couvert la cavalerie par
« l'infanterie, et entremêlant ces deux armes dans les
« pays coupés. De nuit, et autant pour sa sûreté que
« pour éviter le désordre que son prompt retour met-
« trait dans toutes ses troupes, il placera sa cavalerie
« (dont il est d'ailleurs difficile de faire usage pendant
« la nuit) entre deux détachements d'infanterie, dont
« le plus fort marchera en tête s'il avance, et en queue
« s'il se retire, et il ne sera précédé et suivi que par
« quelques cavaliers destinés seulement à avertir.
« Exposé à une retraite qui peut être difficile, il s'oc-
« cupera, en avançant, de bien connaître les bois, les
« marais, les ponts, les ruisseaux, les ravins, les défi-
« lés, etc.; de découvrir dans le terrain qu'il parcour-
« ra, tout ce qui, au besoin, pourra faciliter sa re-
« traite ; de bien juger les terrains, et particulière-
« ment ceux propres au nombre de ses troupes et à
« leur espèce ; de déterminer d'avance où il placerait
« son infanterie, pour faciliter le passage des défilés à
« sa cavalerie, et d'examiner sous leurs différents
« aspects les points qu'il croirait devoir remarquer ,
« se portant à cet effet à droite et à gauche de la route,
« en se retournant souvent pour voir le pays sur
« toutes les faces. Indépendamment de ces précau-
« tions importantes, il évitera de se morceler, à moins
« que ce ne soit momentanément, lorsqu'il ne pourra
« en résulter aucun inconvénient et dans les cas sui-
« vants · 1º pour aller lui-même, ou pour envoyer avec
« quelques hommes, un officier ou un sous-officier
« sûr aux nouvelles dans un village où il est inutile de
« conduire toute la reconnaissance ; 2º pour leur faire
« couronner les hauteurs, d'où ils pourront découvrir
« ce qu'il est chargé de reconnaître ou de vérifier;
« 3º enfin, et dans l'espoir d'acquérir quelques lu-
« mières, pour faire dépasser le point juste auquel la
« reconnaissance aura dû se porter; mais dans ce cas

3*

« il formera des échelons destinés à soutenir au be-
« soin les hommes les plus avancés, et, son objet rem-
« pli, il les fera replier légèrement sur le gros de son
« détachement.

« Du reste, il ne passera à portée d'aucun monticule
« sans envoyer au moins un homme à son sommet,
« et sans s'y rendre au besoin lui même, et il ne de-
« vra jamais oublier qu'à moins d'une distance extra-
« ordinaire, aucune halte ne lui est permise avant
« qu'il n'ait rempli sa mission.

« En général, il doit éviter de combattre; si cepen-
« dant un détachement ou un poste ennemi occupait
« un point qu'il lui importât de connaître, tant par
« lui-même que par ses alentours, qu'il fût en mesure
« de le forcer rapidement, et cela sans compromettre
« sa retraite, il n'hésiterait pas de le faire, mais il met-
« trait dans cette opération autant de sagesse, de vi-
« gueur, que de rapidité.

« Sa mission remplie, il doit rassembler son déta-
« chement et hâter son retour auprès du chef dont il
« aura reçu les ordres, pour lui faire son rapport dans
« le plus court délai possible.

« Si à portée de l'ennemi il se trouve dans l'indis-
« pensable nécessité de faire une halte (seul cas dans
« lequel il doive s'y résoudre), il ne la fera jamais au
« point le plus éloigné auquel il se sera porté, mais
« après avoir fait au moins un quart du chemin qui
« le rapprochera de l'armée; il ne la fera pas non plus
« dans un village, il choisira à cet effet un endroit
« élevé et d'où il pourra découvrir tout ce que l'on
« pourrait entreprendre contre lui, dont les approches
« seront difficiles et les derrières libres. Dans tous les
« cas, il mettra dans ses haltes sa troupe en bataille,
« faisant face à l'ennemi, et rendant le repos succes-
« sif, il tiendra la moitié de sa troupe prête à com-
« battre, s'éclairera par de petits postes avancés et des
« vedettes, et au besoin fera apporter par le village le

« plus voisin ce qui lui sera nécessaire en vivres et en
« fourrages,

S'il était obligé de s'arrêter pendant la nuit, ou
pour passer la nuit, il redoublerait de vigilance et de
précaution.

« S'il était attaqué par un ennemi supérieur, il tâ-
« cherait de suppléer au nombre par le choix du ter-
« rain (1) et par l'habileté des dispositions.

« Du reste, alliant la prudence au courage, un com-
« mandant de reconnaissance évitera de combattre
« autant qu'il le pourra, mais combattra avec la plus
« grande vigueur quand il y sera forcé, et pour être sûr
« alors que ses troupes feront leur devoir, il leur don-
« nera lui-même l'exemple du dévouement et de la
« valeur.

« Quant aux chefs qui auront à confier de sembla-
« bles missions, il est indispensable qu'ils se rappellent,
« 1° qu'une grande partie des renseignements que l'on
« peut recueillir devant venir des habitants, la con-
« naissance de la langue du pays dans lequel on fait
« la guerre, est indispensable à un officier chargé
« d'une reconnaissance ; 2° que le pays doit lui être
« connu, ou du moins qu'il doit être en état de le bien
« juger au premier coup-d'œil ; 3° qu'il serait à dési-
« rer qu'il eût des relations dans le canton qu'il doit
« parcourir ; et 4° enfin, que, dans le cas contraire, il
« fût assez adroit, assez liant pour en former rapide-
« ment, et assez habile pour en profiter d'une manière
« utile à l'armée. »

RETOUR DE RECONNAISSANCE.

A la guerre, les plus petits accidents du terrain dé-

---

(1) Ce choix aura principalement pour objet de mettre l'ennemi dans l'impossibilité d'arriver à lui sur un front plus grand
que le sien.

cidant souvent des plus grands événements, l'officier chargé d'une reconnaissance, doit s'attacher à retracer fidèlement leur forme et leurs dimensions dans un plan, et à joindre à l'appui un rapport précis de tout ce qu'il a vu, jugé ou pu apprendre.

Ce rapport doit, autant que possible, faire mention :

1º De l'ordre en vertu duquel cette reconnaissance a été faite ;

2º Des troupes qni ont concouru à son exécution ;

3º Du lieu et de l'heure du départ ;

4º Du terrain parcouru et des principaux moments de la reconnaissance ;

5º De tous les détails relatifs à l'ennemi ou à la topographie du pays ;

Et 6º des moyens à proposer pour la solution du problème donné.

RETOUR DE LA DÉCOUVERTE.

L'officier qui revient de la découverte doit un compte verbal à celui par qui il a été envoyé :

1º Du lieu, de l'heure de son départ et du nombre d'hommes qu'il avait emmenés ;

2º Des distances qu'il a parcourues et de ce qui lui est arrivé pendant sa marche ;

3º Des renseignements qu'il a pu recueillir relativement à l'ennemi, et s'il l'a rencontré, de tout ce qu'il a jugé ou pu savoir sur sa force, sa disposition et ses projets ;

4º Enfin, du moment de sa rentrée.

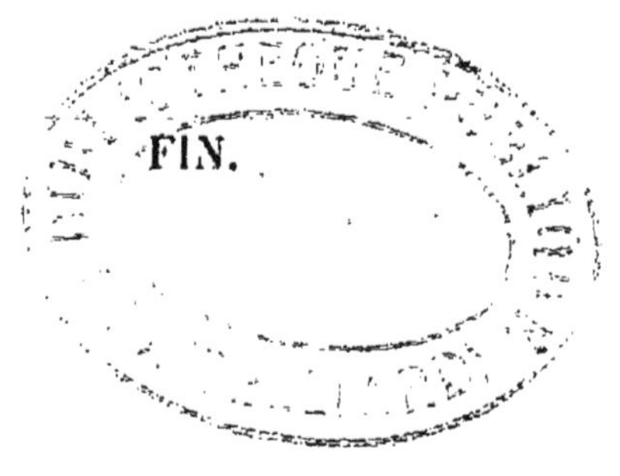

FIN.

ITINÉRAIRE de la route de Beaubourg à Cormont par Béville (faisant partie de celle de ______ à ______). Distance totale de Beaubourg à Béville, 5l 1/2 de 25 au degré. *Des Positions militaires, etc., pag. 45.*

NOTA. Si l'itinéraire doit remplir plus d'une page, on le disposera en cahier faisant corps avec le Mémoire, de même format et s'ouvrant sous le titre des colonnes, qu'on évitera ainsi de répéter en tête de chaque feuille.)

NOMS DES LIEUX.	DISTANCES entre LES POINTS remarquables qui se succèdent sur la route, exprimées en mètres.	DÉSIGNATION DES POINTS REMARQUABLES. (Ils sont déterminés par un changement dans la direction de la route, dans son mode de construction, dans la nature du sol, par l'origine d'un défilé, d'une pente d'enrayage, par un mauvais pas, un pont, un gué, un point appartenant à une ligne de partage; par une usine ou un autre bâtiment; par l'embranchement, soit à droite, soit à gauche, d'un chemin, d'un sentier, etc.)	LONGUEUR sur LA ROUTE de chacun des accidents qu'elle présente.	LARGEUR de LA ROUTE dans ses différentes parties.	VUES OU PROFILS des défilés, ponts, gués et autres lieux remarquables.	DÉTAILS DESCRIPTIFS (Sur le terrain que traverse la route, sur les villages, les habitations, les passages d'eau, sur les objets peu éloignés de la route qui offrent quelque intérêt militaire; nature, dimensions des ponts, des gués, époque de l'année où ceux-ci sont praticables; nombre d'hommes, de chevaux, de voitures que peuvent contenir les bacs; temps employé pour le passage et le retour; moyens qu'offrent les environs pour réparer la route et les ponts.)	OBSERVATIONS GÉNÉRALES.
	mètres.		mètres.	mètres.			
Beaubourg.		Porte de sortie et pont-levis sur le fossé.	24	2,50		Beaubourg, ville fermée, entourée d'une muraille et d'un fossé sec non revêtu, de six mètres de profondeur, de 12 mètres de largeur; les propriétaires des maisons adossées à la muraille l'ont percée de portes et de fenêtres, ils ont planté des jardins dans le fossé, dont les talus sont extrêmement raides. Cette petite ville pourrait mettre en sûreté dans l'enclos de son hospice, un dépôt de deux cents malades et un parc de quatre-vingts voitures.	La route de Beaubourg à Béville, excellente en été, devient fangeuse en automne, et presque impraticable en hiver. Il faudrait, pour y remédier, couper les deux bois de Merci et d'Amar, sur une largeur de 80 mètres, à partir des bords de la route. Le pays est en général découvert et bien cultivé. À l'est de la route et dans une direction qui lui est à peu près parallèle, il existe un chemin large de 4 mètres, tracé en terrain naturel, et cependant praticable pour les voitures dans toutes les saisons. Il part de Révoire, village situé à deux lieues à l'est de Beaubourg, passe à Calven (une lieue et demie à l'est d'Olmar), et se réunit à la route de Cormont, à trois lieues au delà de Béville. Ce chemin est moins bon que la route par laquelle le corps en retraite est supposé marcher; cependant il serait à craindre que ce corps fût devancé par une colonne ennemie, qui, se portant de Révoire au point de jonction, aurait à franchir une distance d'une lieue et demie moindre que celle de Beaubourg au même point. Les communications de chemin à la route offriraient en outre à cette colonne beaucoup de facilité pour l'attaque des troupes en marche et les convois. Depuis le ruisseau de Billy jusqu'à Béville, le sol est montueux et coupé. Des torrents le ravinent. On ne peut marcher que sur la route même, ce qui ne serait pas sans danger en temps de guerre. Il serait utile qu'on éloignât la route du rivage en la faisant passer par Cabreau et Belmont, villages dont le territoire offre un sol ferme, assez uni, et qui sont abrités par les bois qui les séparent de la route actuelle. Ce changement de direction n'augmenterait le développement que de 1600 mètres. Les autorités locales évaluent la dépense à 150,000 fr; elles offrent d'en payer le tiers.
		Direction générale du sud-est au nord-ouest.					
	400	La route est pavée.	400				
	600	La route n'est plus que ferrée sans cesser d'être bonne.	600	10, dont 4 de pavé.			
	130	Descente d'enrayage.	130	5			
	50	Pont en pierre de trois arches, sur un petit cours d'eau coulant du sud au nord.	6	3		Ce petit pont est construit très solidement; mais le parapet n'a que 0m35 de hauteur. Le cours d'eau que l'on traverse a sa source dans le bois de Recourt, à une lieue et demie de la route; sa direction est du sud-est au nord-ouest; il se jette dans le Moret, à deux lieues du pont; il est encaissé de 4 mètres; dans la saison des pluies, sa profondeur moyenne est de 3 mètres; pendant l'été, il est presque à sec; le fond est fangeux; ses bords sont plantés de gros arbres avec lesquels on pourrait faire des ponts en moins de deux heures.	
	70	Montée rapide. Les attelages doivent être renforcés d'un tiers. Dans la descente il faut enrayer.					
	400	Embranchement sur la droite d'un chemin qui se dirige du sud au nord.	160	10		Au delà de Beaubourg, le pays est découvert et uni. À partir de l'embranchement et sur la droite, un bois borde la route; il est traversé par le chemin de Beaubourg à Merci. Ce bois offre une haute futaie assez claire pour qu'on puisse avec facilité le traverser dans tous les sens. À gauche de la route, le sol continue d'être découvert; il est cultivé en céréales. Ici le chemin est presque toujours fangeux; on y remédie en le couvrant de rouleaux coupés dans le bois de droite. Pour construire une chaussée, il faudrait tirer les pierres de Merci.	
	250	Mauvais pas fangeux.	490				
	300	Maison isolée.				On vend dans cette maison du vin, de l'eau-de-vie, de l'avoine; mais il n'y a pas d'écurie.	
	500	Position militaire. Le chemin frayé dans une roche calcaire forme un défilé.				La bane de roche calcaire qui traverse la route s'étend de Merci à Béville, dans la direction du nord au sud; il est à peine recouvert de quelques pouces de terre végétale. La roche est dure et l'on ne pourrait sans des dépenses considérables, élargir la route, qui, dans cette partie, ne donne passage qu'à une voiture. Le défilé que forme le rétrécissement de la route offre une position militaire qui serait occupée avec avantage si l'on voulait défendre l'entrée de la plaine de Béville. On pourrait y déployer quatre bataillons, deux escadrons et six bouches à feu, dont une de douze qui, placée sur la partie la plus étroite de la route, couvrirait l'ennemi à la distance de 1200 mètres.	
	120	Le terrain cesse d'être rocailleux jusqu'à Béville. Il est presque entièrement horizontal.	940	4,50			
Olmar, maison de poste à une lieue de Beaubourg.	1700	Maison de poste dite d'Olmar. On trouve sur le même point une forge de maréchalerie et un cabaret.		10		Ces trois maisons isolées se trouvent à l'entrée d'une plaine sablonneuse, mais assez fertile, qui s'étend sur la droite. À gauche, la route est bordée par un bois de bouleaux et de hêtres fort serrés. Il y a dans la maison de poste quarante chevaux pour les relais, et douze chevaux de labour. L'embranchement de gauche qui conduit à Recourt, village situé à une demi-lieue de la route, se dirige vers le sud-est. Celui de droite conduit à Merci; sa direction est nord-est.	
	4590						
	140	Embranchement de deux chemins, l'un à droite, l'autre à gauche.		10			
	200	Pont rompu.	13	6		Pont en bois d'une seule travée sur le ruisseau de Billy. Quoique ce ruisseau soit presque à sec pendant l'été, et presque partout guéable dans les autres saisons, l'importance militaire et commerciale de la route exigerait que le pont fût construit en pierre.	
	850	Bac sur la rivière d'Alle, large de.	30			Ce bac est un gros bateau qui peut contenir une voiture, dix chevaux et vingt personnes; deux hommes le meuvent au moyen d'un treuil; les abords sont faciles sur la rive droite, mais le peu de profondeur du ruisseau sur la rive opposée force d'adapter au bac un tablier mobile. Le passage, y compris le temps nécessaire pour l'embarquement et le débarquement, dure vingt minutes. À 100 mètres en aval du bac, est un moulin à deux tournants; il ne chôme jamais, et peut moudre trente-quintaux de grains et vingt-quatre heures. À 100 mètres au-dessus, on trouve un moulin à scie, établi aussi sur un bateau. Ces deux usines sont amarrées à la rive droite. La rivière d'Alle a 50 mètres de largeur; ses rives sont découvertes, sa vitesse est environ une demi-lieue par heure. Quoique pendant les mois de février et de mars les eaux s'élèvent quelquefois à 5, 6 et 7 mètres au-dessus du lit, la route n'est jamais inondée. Pendant l'été l'Alle n'a que 0m,2 à 0m,6 de profondeur; mais la nature du fond permet de la guéer qu'à une lieue au-dessous de la route à Bainelle; là le gué a 10 mètres de largeur et 40 mètres de longueur, sa direction est indiquée par deux poteaux placés sur les deux rives. Le fond est un gravier dur, qui ne se creuse pas, même sous les pieds des chevaux. Etc.	
	6550	Etc.					
Béville, à cinq lieues et demie.	32600m	Village situé à une lieue au-dessus du pont. NOTA. On emploie sept heures pour aller de Beaubourg à Béville, mais il en faut huit pour le retour.					

TABLEAU STATISTIQUE.

(Nota. On disposera ce Tableau en cahier faisant corps avec le Mémoire du même format, et s'ouvrant sous les titres de colonnes, qu'on évitera ainsi de répéter pour chaque feuille.)

INDICATION DES RESSOURCES QU'UNE ARMÉE TROUVERAIT DANS LE PAYS

NOMS DES LIEUX.	RENSEIGNEMENTS RELATIFS A LA POPULATION, A L'AGRICULTURE ET AU COMMERCE.					
	POPULATION.	ÉTENDUE des TERRITOIRES, leurs divisions relativement à la nature des produits.	SURFACE exprimée en mêmes mesures que celle des territoires.	QUANTITÉ de semence par hectare.	RAPPORTS entre la quantité de semence et la récolte.	Quotité de l'excédant ou du déficit sur les besoins annuels de la population. — Indication des lieux où la commune exporte les denrées qui surabondent et de ceux d'où elle tire les denrées qui lui manquent.
Indication, pour chaque commune, des hameaux qui en dépendent, et des circonscriptions administratives dont elle fait partie.	Hommes. Femmes. — Population totale. — Nombre des individus pour chaque profession. Employés aux travaux agricoles. Artisans. Commerçants. Etc.	Surface totale. Terres annuellement en jachères. Blé. Seigle. Maïs. Riz. Avoine. Orge. Sarrasin. Pommes de terre. Légumes en graines. Vignes. Prés. Prés artificiels. Cultures diverses. Bois. Friches. Marais. Étangs. Carrières. Tourbières. Houillères. Mines. Marais salants.				

NOMS DES LIEUX.	POUR LOGER ET ABREUVER LES HOMMES ET LES CHEVAUX.			POUR LA SUBSISTANCE DES HOMMES ET CHEVAUX.				
	DÉSIGNATION des ressources.	NOMBRE des hommes et des chevaux qui peuvent être logés-abreuvés.		NATURE et quantité des objets en mesures métriques ou par tête de bétail.	Indication de l'unité de poids ou de capacité; son rapport avec l'unité métrique correspondante; prix de cette unité, prix des bestiaux par tête.	MOYENS DE MOUTURE ET DE CUISSON.		
		Hommes	Chevaux			MOULINS, FOURS, COMBUSTIBLES.	QUANTITÉ en mesures métriques.	PRIX par unité de mesure.
	Maisons réunies. Maisons éparses. Auberges. Casernes. Hôpital. Halles couvertes. Églises. Couvent de Château ou Établissement de Abreuvoirs. Fontaines. Puits. Citernes. Mares. Aqueducs. Canaux. Eaux courantes. — Nota. Indiquer si les eaux tarissent pendant les temps de sécheresse; s'il y a des inondations.			Blé. Seigle. Maïs. Riz. Avoine. Orge. Sarrasin. Pommes de terre. Légumes en graines. Prix du pays. Farine. Sel. Paille. Foin. Vin. Huile. Eau-de-vie. Bière. Cidre. Bœufs. Vaches. Moutons. Cochons. Chèvres.		MOULINS à eau à tournants . . . à vent. . . . . . Total. . Mouture en 24 heures. Mouture moyenne par année. — FOURS privés. . . . . . banaux. . . . . . de boulangers. . . . Total. . Nombre de rations qu'ils peuvent cuire en 24 h. Quantité de farine que les boulangers doivent avoir d'avance. . . . . — COMBUSTIBLES. Bois. Houille. Tourbe.		

NOMS DES LIEUX.	POUR LES TRANSPORTS.		POUR LE RENOUVELLEMENT OU LA RÉPARATION DES VÊTEMENTS, DE LA CHAUSSURE, DES ARMES, DES VOITURES.					RESSOURCES pécuniaires.	OBSERVATIONS.
	NATURE des moyens de transport.	NOMBRE et prix.	MANUFACTURES.			OUVRIERS ISOLÉS.		IMPOTS de toute espèce.	
			OBJETS fabriqués.	QUANTITÉ fabriquée annuellement.	Indication de l'unité de mesure, son rapport avec la mesure décimale correspondante; prix de cette unité.	DÉSIGNATION des ouvriers.	Leur nombre et prix de la journée.		
	Chevaux. Mulets. Ânes. Bœufs de traits. Charrettes attelées de chevaux ou de bœufs { à 2 roues chargeant / à 4 roues chargeant }. Prix de la journée par collier. Bateaux chargeant.		Ouvrages en fer, etc. Draps. Toiles. Cuirs. Etc.			Chapeliers. Selliers. Bourreliers. Cordonniers. Tailleurs. Armuriers. Ouvriers en fer. Etc. Ouvriers en bois. Etc. Maréchaux ferrants. Bateliers. Marins.			Nota. Dans l'État statistique d'un pays étranger, on doit indiquer les monnaies en circulation, leur change; les poids et mesures, et la comparaison des valeurs.

TABLE ALPHABÉTIQUE

DES MATIÈRES.

www.ingramcontent.com/pod-product-compliance
Ingram Content Group UK Ltd.
Pitfield, Milton Keynes, MK11 3LW, UK
UKHW021640090726
13657UKWH00004B/1669